LECTURES

INSTRUCTIVES ET AMUSANTES

TIRÉES DES CONSIDÉRATIONS

SUR LES OEUVRES DE DIEU DANS LE RÈGNE DE LA NATURE ET DE LA PROVIDENCE;

CONTENANT AUSSI

DES PRÉCEPTES DE CONDUITE POUR LES ENFANTS ;
UN RECUEIL DES BONS MOTS ET PENSÉES CHOISIES DES AUTEURS ANCIENS ET MODERNES, ET DES PROVERBES OU SENTENCES TIRÉES DES MEILLEURS AUTEURS LATINS, ESPAGNOLS ET ITALIENS;

Ouvrage extrait de divers auteurs,

Par T. M. L. A. A. P. L. V. D.

Prix : 1 fr. 10 cent.

VALENCE,
IMPRIMERIE D'A.-F. JOLAND AÎNÉ.

1848.

LECTURES
INSTRUCTIVES ET AMUSANTES.

Contemplation de la Nature.

Aucune occupation, quelle qu'elle puisse être, n'a plus de charmes, n'est plus satisfaisante, ne procure des plaisirs plus diversifiés, que la contemplation attentive de la nature.

En supposant que nous vécussions quelques siècles sur la terre, et que nous employassions chaque jour, chaque heure même, à étudier uniquement les phénomènes et les singularités du règne minéral, il se trouverait encore, au bout de ce temps-là, mille choses que nous ne pourrions pas expliquer, qui demeureraient cachées pour nous, et qui exciteraient de plus en plus notre curiosité. Employons donc au moins, puisque la durée de notre vie s'étend à peine à un demi-siècle, employons bien le peu de temps qui nous est accordé, et consacrons-le, autant que nos vrais devoirs pourront le permettre, à observer la nature et à procurer ainsi à notre esprit les plaisirs les plus innocents et les plus durables.

La satisfaction que nous y trouverons augmentera de plus en plus, à mesure que nous méditerons avec plus de soin sur les vues que Dieu s'est proposé dans ses ouvrages, car les merveilles de la nature sont, sans comparaison, plus admirables et plus sublimes que toutes les productions de l'art humain. Celles-ci ne procurent pas toujours le bien-être, et ne nous rendent pas meilleurs; souvent elles ne sont que les objets d'une admiration stérile ; mais toutes les œuvres de la nature, et même les plus singulières, ont pour objet le bien universel du monde. Elles existent, non seulement pour être vues et pour servir de spectacle, mais aussi pour qu'on en jouisse ; et toutes, sans exception, publient la bonté de Dieu aussi bien que sa sagesse.

O Dieu tout-puissant ! toutes tes œuvres sont parfaites et dignes d'admiration ; nous ne saurions assez contempler la nature que tu as créée, ni assez admirer tes œuvres sans pareilles. O Dieu ! que sommes-nous, pour que tu nous aies placés sur cette terre et que tu pourvoies chaque moment, chaque instant même, à nous rendre heureux et à nous procurer tout ce qui nous est nécessaire pour le corps et pour l'âme ? Que te rendrions-nous, ô notre Dieu ! tout bon et tout aimable, que te rendrions-nous pour de si grand bienfaits ? Mais, Dieu, ne considère pas notre peu d'intelligence, car nous ne sommes pas bien instruits sur tout ce qui te regarde ; considère plutôt, ô Seigneur des seigneurs ! considère notre faiblesse et notre néant ; toutefois, ô grand Dieu ! Être des êtres et Roi des rois ! veuille nous pardonner par le sang de Notre Seigneur Jésus-Christ. Amen.

Plaisirs que procure la contemplation de la Nature.

La nature offre à tous ses enfants, avec une bonté maternelle, le premier, le plus innocent, le moins dispendieux de tous les plaisirs. C'est celui dont nos premiers parents jouissaient déjà dans le paradis terrestre, et ce n'est que la dépravation des humains qui leur fait chercher de nouveaux genres de récréations ; les hommes ont coutume de mépriser les biens dont ils jouissent tous les jours, quelqu'excellents qu'ils soient, ils ne pensent qu'à multiplier et à diversifier leurs amusements.

Il est cependant certain que le plaisir dont je parle est de beaucoup préférable aux autres. Il est presqu'impossible de ne pas trouver des charmes dans la contemplation de la nature. Le pauvre comme le riche peut se procurer cette jouissance. Mais c'est là précisément ce qui en diminue le prix. Nous avons la folie d'estimer peu ce que les autres partagent avec nous, tandis que, si nous étions raisonnables, rien ne donnerait plus de valeur à un bien que la pensée qu'il fait le bonheur de nos semblables aussi bien que le nôtre.

En comparaison de ce plaisir, si noble et si touchant, combien ne sont pas frivoles et trompeurs ces amusements si recherchés et si magnifiques que le riche se procure avec beaucoup de soins et de dépenses ! Ils laissent un certain vide dans l'âme et ils amènent toujours l'ennui et le dégoût ; au lieu que la bienfaisante et riche nature offre continuellement de nouveaux objets à nos yeux. Tous les plaisirs qui ne sont l'ouvrage que de notre imagination, sont de courte durée, et aussi fugitifs qu'un beau songe, dont le charme et l'illusion s'évanouissent au moment du réveil. Mais les plaisirs de la raison et du cœur, ceux que nous goûtons en contemplant les œuvres de Dieu, sont solides et constants parce qu'il nous ouvrent une source inépuisable de nouvelles délices. Le ciel étoilé, la terre émaillée de fleurs, le chant mélodieux des oiseaux, les paysages divers et mille point de vue, tous plus ravissants les uns que les autres, nous fournissent continuellement de nouveaux sujets de satisfaction et de joie ; et si nous y sommes insensibles, c'est assurément notre faute ; c'est que nous voyons les œuvres de la nature d'un œil inattentif et indifférent.

La grande science du chrétien consiste à jouir innocemment de tout ce qui l'environne ; il sait tirer parti de tout, et a l'art de se rendre heureux dans toutes les circonstances, à peu de frais et sans qu'il en coûte à sa réputation.

Immensité de l'Univers.

Le soleil avec toutes les planètes qui l'accompagnent n'est qu'une très-petite partie de l'immense bâtiment de l'Univers. Chaque étoile qui, d'ici, ne nous paraît grande que comme un brillant monté sur une bague, est dans la réalité un corps immense qui égale le soleil en étendue comme en splendeur. Chaque étoile est donc non seulement un monde, mais encore le centre d'un système planétaire.

C'est ainsi qu'il faut considérer les étoiles qui brillent au-dessus de nos têtes les nuits d'hiver. On les distingue des planètes par la vivacité de leur éclat, et parce que la place qu'elles occupent dans le firmament est invariable.

D'après leur grandeur apparente on les divise en six classes qui comprennent ensemble environ trois mille étoiles. Mais, quoiqu'on ait cherché à en déterminer à peu près le nombre, il est certain qu'elles sont innombrables ; seulement la quantité d'étoiles semées ça et là, que l'œil le plus perçant ne saurait apercevoir qu'avec peine, montre qu'on tenterait en vain d'en faire le calcul.

Les télescopes nous ont ouvert de nouveaux points de vue dans la création, puisqu'on a découvert par leur moyen des millions d'étoiles. Mais ce serait chez l'homme un orgueil bien insensé que de vouloir déterminer les limites de l'Univers par celles de son télescope. Si nous réfléchissons sur l'éloignement où les étoiles fixes sont de notre terre, nous aurons un nouveau sujet d'admirer les grandeurs de la Création. Les sens seuls nous font déjà connaître que les étoiles doivent être plus loin de nous que les planètes; leur petitesse apparente provient uniquement de la distance où elles sont de la terre. Et en effet, cette distance ne peut se mesurer, puisqu'un boulet de canon, en supposant qu'il conservât toujours le même degré de vitesse, atteindrait à peine, au bout de six mille ans, l'étoile fixe la plus voisine de notre terre.

Que sont donc les étoiles? Leur prodigieuse distance et leur éclat nous l'apprennent; ce sont des soleils qui font jaillir jusqu'à nous, non pas une lumière empruntée, mais une lumière qui leur est propre; soleils que le Créateur a semés par millions dans l'espace incommensurable, et dont chacun est accompagné de plusieurs globes terrestres qu'il est destiné à éclairer.

Seigneur tout-puissant! que tu es bon envers nous qui sommes de misérables pécheurs; tous les jours tu fais lever ton beau soleil pour nous éclairer pendant le jour, et la lune pour nous éclairer pendant la nuit. Dieu! que te rendrons-nous pour de si grands bienfaits? Nous ne saurions assez te bénir des biens que tu nous accordes tous les jours. Veuille, Seigneur, pour l'amour de ton fils J. C., veuille nous protéger et nous bénir tout le temps de notre vie comme tu nous as protégés jusqu'à présent. Amen.

Dieu prouvé par ses ouvrages.

Il ne faut qu'ouvrir les yeux, et avoir le cœur libre, pour apercevoir sans raisonnement la puissance et la sagesse du Créateur, qui éclatent dan ses ouvrages. Si quelqu'homme d'esprit conteste cette vérité, je ne disputerai point avec lui, je le prierai seulement de souffrir que je suppose qu'il se trouve par un naufrage dans une île déserte : il y aperçoit une maison d'une excellente architecture, magnifiquement meublée; il voit des tableaux merveilleux; il entre dans un cabinet, où un très-grand nombre de très-bons livres sont rangés avec ordre; il ne découvre néanmoins aucun homme dans cette île. Il ne me reste qu'à lui demander s'il peut croire que c'est le hasard, sans aucune industrie, qui a fait tout ce qu'il voit. J'ose le défier de parvenir jamais par ses efforts à se faire accroire que l'assemblage de ces pierres, fait avec tant d'ordre et de symétrie; que les meubles qui montrent tant d'art, de proportion et d'arrangement; que les tableaux qui imitent si bien la nature; que les livres qui traitent si exactement des plus hautes sciences, sont des combinaisons purement fortuites. Cet homme d'esprit pourra trouver des subtilités pour soutenir, dans la spéculation, un paradoxe aussi absurde; mais dans la pratique il lui sera impossible d'entrer dans aucun doute sérieux sur l'art qui éclate dans cette maison. S'il se vantait d'en douter, il ne ferait que démentir sa propre conscience; cette impuissance de douter est ce qu'on nomme pleine conviction. Voilà, pour ainsi dire, le bout de la raison humaine; elle ne peut aller plus loin.

Cette comparaison démontre quelle doit être notre

conviction à la vue de l'univers. Peut-on douter que ce grand ouvrage ne montre infiniment plus d'art que la maison que je viens de représenter? La différence qu'il y a entre un philosophe et un paysan, est que le paysan sait d'abord avec simplicité tout ce qui saute aux yeux, au lieu que le philosophe, séduit par ses vains préjugés, emploie la subtilité de ses raisonnements à embrouiller sa raison même. Voilà la Divinité dans son point de vue pour tout homme sensé, attentif, sans orgueil et sans et passion. Loin d'avoir besoin de raisonner, il n'a que son raisonnement à craindre. Il n'a pas plus besoin de méditer pour trouver son Dieu à la vue de l'univers, que pour supposer un horloger à la vue d'une horloge, ou un architecte à la vue d'une maison.

Les agréments de la Campagne.

Venez et jouissez des plaisirs qui ne sont goûtés que par le sage. La douce lumière du soleil nous appelle dans les champs. C'est là qu'une joie pure nous est réservée, c'est dans ce vallon fleuri que nous allons adresser une hymne au Créateur.

Comme le souffle du zéphyr agite doucement chaque rameau, chaque feuille de ces buissons! Tout ce qui paraît devant nos yeux saute, bondit de joie, ou bien fait entendre des chants d'allégresse. Tout semble rajeuni et animé d'une nouvelle vie.

Bois touffus, vallées, et vous montagnes que l'été pare de ses dons, votre aspect récrée l'esprit et le cœur; vos attraits ne doivent rien à l'art et ils effacent la parure des jardins.

Le grain mûrit et invitera bientôt le laboureur à y porter la faucille. Les arbres couronnés de feuillage ombragent les collines et les campagnes. Les oiseaux jouissent de leur existence, ils chantent leurs plaisirs, leurs accents n'expriment que joie et tendresse.

Chaque année voit renouveler les trésors du paisible cultivateur; la liberté et le sentiment du bonheur brillent dans ses regards sereins. Ni l'odieuse calomnie, ni l'orgueil et les noirs soucis dont l'habitant des villes est l'esclave, ne viennent troubler le repos de ses matins, ni peser comme un fardeau sur ses nuits.

Aucun bien ne peut empêcher le sage qui aime à exercer ses sens et sa raison, de venir goûter les plaisirs qu'on trouve au sein des campagnes. Là de riches pacages, des prairies couvertes de rosée, la les riants tableaux qu'offre de toutes parts et nature remplissent son âme d'une douce joie et l'élèvent à son Créateur.

Plaisirs que procure la culture des champs et des jardins.

La culture des champs et des jardins est une des plus agréables occupations, et peut-être la seule dont les peines soient compensées par mille plaisirs.

La plupart des travaux obligent l'homme à se renfermer dans sa chambre ou dans son cabinet. Mais celui qui se consacre aux travaux de la campagne, se trouve en plein air, et respire librement sur le magnifique théâtre de la nature. Le ciel azuré est son dais, et la terre tapissée de fleurs est son plancher; l'air qu'il respire n'est pas corrompu par les exhalaisons empoisonnées des villes. Mille objets agréables s'offrent à ses yeux, et s'il a quelque goût pour les beautés de la nature, les plaisirs réels et purs ne sauraient jamais lui manquer.

Dès qu'au matin la lumière du jour ouvre de nouveau le brillant spectacle de la création, il se hâte d'en aller jouir dans ses champs ou dans son jardin. L'aurore lui annonce la prochaine arrivée du soleil. L'herbe fraîche se redresse, et ses pointes brillent des gouttes de rosée qui paraissent autant de diamants d'émeraude ou de saphirs. Des parfums délicieux qu'exhalent les arbres, les fleurs viennent de toutes parts l'embaumer et le récréer. L'air retentit tout autour de lui du chant des oiseaux, qui expriment leur joie et leur bonheur. Leurs concerts sont des hymnes à la louange du Créateur, dont ils éprouvent les bienfaits.

Serait-il possible qu'à l'aspect et au sentiment de tant de choses agréables et touchantes, le cœur restât fermé à la joie, à la reconnaissance et à l'amour de Dieu.

Pourait-on s'empêcher d'aimer le Seigneur, de l'admirer et d'être rempli de vénération pour lui. L'esprit pourrait-il avoir une plus agréable occupation que celle de contempler et de célébrer les augustes perfections de Dieu, la grandeur de ses vues, la beauté de ses ouvrages.

Ce qui contribue encore à rendre l'agriculture et le jardinage singulièrement agréables, c'est qu'il s'y trouve une diversité infinie d'objets, de travaux et d'occupations qui nous attachent en nous offrant toujours des choses nouvelles, et qui préviennent ainsi les dégoûts inséparables de l'uniformité. Il y a une grande variété de plantes, de fruits, d'herbages et d'arbres que nous faisons sortir de la terre, et qui se présentent sous une multitude de formes différentes. La nature promène le cultivateur par les routes les plus variées, et elle lui offre mille agréables changements.

Tantôt il aperçoit des plantes qui sortent de la terre, tantôt il en voit d'autres qui s'élèvent et se développent; d'autres encore qui sont en pleines fleurs. De quelque côté qu'il tourne les yeux, il découvre de nouveaux objets. Le ciel au-dessus de lui, et la terre sous ses pieds, renferment des trésors inépuisables de plaisirs et d'agréments.

L'Aurore.

L'Aurore découvre au monde une nouvelle et magnifique création. Les ombres de la nuit nous dérobent la vue et la jouissance du ciel et de la terre; mais à présent que l'éclat du jour revient, l'œil voit toute la nature rajeunie et embellie. Tout-à-coup nous apercevons la terre dans l'appareil de sa magnificence, les montagnes avec les forêts dont elles sont couronnées, les coteaux avec les vignes qui les tapissent, les champs avec les moissons qui les couvrent, les prairies avec les ruisseaux qui les arrosent. L'horizon s'enflamme, les nuages prennent partout des couleurs vives et variées; l'œil découvre au loin des vallons riants et fleuris; les vapeurs légères se convertissent en or, et les gouttes de rosée qui couvrent les fleurs prennent le doux éclat des perles. A mesure que la clarté augmente, le spectacle devient plus superbe. Nous allons de lumière en lumière, jusqu'à ce qu'enfin la nature nous offre ce qu'elle a de plus grand : le soleil se lève.

Le lever du Soleil.

Avez-vous été quelquefois témoin du superbe phénomène qui se renouvelle chaque jour avec le lever du soleil? Ou bien la mollesse ou quelque indifférence condamnable vous aurait-elle empêché de contempler cette merveille de la nature? Peut-être faut-il vous compter parmi cette multitude de gens qui n'ont jamais cru que l'aspect de l'aurore valût le sacrifice de quelques heures de sommeil. Peut-être aussi êtes-vous comme tant d'autres qui, satisfaits que le soleil les éclaire, ne se mettent point en peine de rechercher la cause de ce grand effet. Ou peut-être enfin êtes-vous aussi insensibles que tant de milliers de vos frères qui, pouvant assister commodément à ce spectacle, le voient tous les jours sans en être frappés, sans qu'il fasse naître chez eux aucune idée, aucune réflexion. Souffrez qu'on vous réveille de cet état d'insensibilité, et qu'on vous montre quelles sont les pensées que doit exciter dans votre âme la vue du soleil levant.

Il n'est point de phénomène dans la nature qui se manifeste avec plus d'agrément et de splendeur. La plus riche parure que l'art humain puisse inventer, les plus belles décorations, l'appareil le plus pompeux, les plus superbes ornements des demeures qu'habitent les rois, s'évanouissent et se réduisent à rien quand on les compare à cette beauté de la nature. La contrée orientale du ciel se revêt de la pourpre de l'aurore, l'air se teint peu à peu de couleur rose; un premier rayon échappé de dessus les montagnes coule rapidement d'un bout de l'horizon à l'autre; de nouveaux traits suivent et fortifient le premier, peu à peu le disque du soleil se dégage, il se montre en entier, il s'avance dans le ciel, et parcourt sa carrière avec une majesté que l'œil humain ne saurait soutenir.

Les vents et la tempête.

Avec quelle violence l'air est agité! N'entendez-vous pas les vents mugir dans les régions supérieures? Les nuées s'amoncellent; voyez avec quelle rapidité elles volent, quels torrents elles versent sur la terre. Que la force des vents est terrible : ils brisent les plus gros chênes, ils renversent les palais, ils ébranlent la terre jusque dans ces fondements. Peut-être, hélas! que dans ce moment quelque vaisseau sans défense est entraîné dans l'abîme par la violence de la tempête; au-dessus, la foudre et les vents; au-dessous, des gouffres sans fond, et tout autour de lui les vagues de la mer s'élèvent comme de hautes montagnes.

Ah! dans quelle détresse ne sont pas les infortunés qui se sont confiés à lui : ils se tordent les mains; comme ils frémissent à chaque vague qui s'élève, et qui va les engloutir dans l'abîme. Avant que la fureur de la tempête soit apaisée, il y aura peut-être quelques milliers de familles ruinées, et plus encore qui seront plongées dans la dernière désolation par la mort de leurs parents et de leurs amis.

Arbitre souverain de toutes choses, Maître des vents et de la mer, défends ces infortunés contre la fureur des flots, daigne exaucer les prières qu'ils t'adressent dans leur détresse, aie pitié d'eux, aussi bien que de tous ceux de mes frères dont la vie est en danger, et jette sur eux un de ces regards qui sont la délivrance.

Le Printemps.

Chaque jour amène quelque création nouvelle, chaque jour la nature s'approche de sa perfection. Déjà l'herbe commence à poindre, et les brebis la cherchent avec avidité; déjà les blés poussent dans nos champs, et les jardins même deviennent agréables et riants. D'espace en espace quelques fleurs se montrent et semblent inviter le fleuriste à les venir contempler. L'odoriférante et modeste violette est un des premiers enfants du printemps; son odeur est d'autant plus agréable, que nous avons été plus longtemps privés de son parfun délicieux.

La belle jacinthe s'élève insensiblement du milieu de ses feuilles, et laisse voir des fleurons qui réjouissent également et la vue et l'odorat.

La tulipe sort plus lentement de ses feuilles; elle ne se hasarde pas encore à s'ouvrir, parce que des nuits, des pluies froides pourraient effacer tout d'un coup l'éclat de ses couleurs.

La renoncule, l'œillet et la rose attendent pour s'épanouir que des jours plus doux leur permettent d'étaler à nos yeux toutes leurs beautés.

Un observateur attentif trouvera ici bien des sujets d'admirer la sagesse et la bonté de son Créateur. C'est dans des vues très-sages qu'au retour de la belle saison chaque plante commence, précisément dans l'ordre et dans le temps qui lui sont prescrits, à développer ses fleurs et ses feuilles, et à tout préparer pour la production de ses fruits. Dans le règne végétal, les espèces se succèdent les unes aux autres depuis le commencement jusqu'à la fin de l'année.

A peine les unes sont-elles visibles, que d'autres s'apprêtent à paraître, et celles-ci sont suivies de plusieurs centaines d'autres qui se montreront chacune à son tour, et au temps marqué. Tandis qu'une plante amène son fruit à maturité, la nature en excite quelqu'autre à se propager, afin que ses fruits soient prêts lorsque la première aura déjà rempli sa destination. Ainsi, la nature nous offre continuellement une agréable succession de fleurs et de fruits : elle ne laisse aucun vide, et, depuis un bout de l'année jusqu'à l'autre, elle veille à la génération successive des plantes.

Arrêtons-nous ici, et réfléchissons sur les vues de sagesse et de bienfaisance qui se manifestent dans cette succession des fleurs. Si toutes paraissaient en même temps, nous serions privés du plaisir que nous procurent ces changements agréables et progressifs qui préviennent les dégoûts inséparables de l'uniformité. Nous serions tantôt dans une excessive abondance, tantôt dans une entière disette. D'ailleurs, combien de plantes ne périraient pas si elles étaient exposées aux nuits froides que l'on éprouve encore quelquefois au printemps. Tant de millions d'animaux et d'insectes trouveraient-ils leur subsistance, si toutes les plantes fleurissaient et portaient leurs fruits en même temps. Le bienfaisant Créateur voulait pourvoir à notre entretien et à nos plaisirs ; or, ces deux vues ne pouvaient être remplies qu'en ordonnant à la nature de ne pas produire les végétaux tous à la fois, mais successivement et par degrés.

Les fleurs printanières que je contemple et que j'admire à présent, me conduisent naturellement à penser au plus bel âge de la vie. Aimable et vive jeunesse, considère dans ces fleurs l'image de ta destinée. Tu es placée dans un sol fertile, et tu as mille charmes qui te font aimer et rechercher. Mais n'as-tu pas observé combien vite la violette, l'oreille-d'ours ou la jacinthe se fanent lorsque le cruel aquilon vient à passer sur elles ? Ah ! pense au sort dont tu es toi-même menacée ! Jeune homme, ne te glorifie point de ta figure, ne te hasarde pas à te mêler trop tôt aux jeux de tes compagnons, peut-être plus robuste que toi ; ne te glorifie point de la fleur de ta jeunesse. Ta vie est comme l'herbe ; tu fleuris comme la fleur des champs, quand le vent passe par-dessus, elle périt, et l'on reconnaît à peine le lieu qui l'a vu naître.

La Nuit d'été.

Les feux colorés des nuages se sont éteints par degrés, le soir prend paisiblement sa place accoutumée au milieu des airs ; il calme, il adoucit la masse entière de l'atmosphère. Prête à descendre au premier signal, la troupe des ombres l'environne ; il ordonne d'abord aux plus légères de s'étendre sur le globe ; derrière elles se déroulent doucement celles dont la teinte est un peu plus obscure ; elles sont bientôt suivies par d'autres plus sombres encore, et leurs voiles, lentement épaissis par des voiles nouveaux, enveloppent enfin tous les objets, toutes les formes.

Un zéphyr plus frais agite le feuillage et ride la surface de l'onde ; il passe sur les arbres, sur les vastes moissons et courbe leurs épis. Dans la plaine, il enlève un nuage de duvet végétal dont d'autres doivent s'enrichir. Ainsi, la nature ne dédaigne aucun de ses ouvrages ; elle prend soin de ses plus humbles enfants ; elle songe à la parure de l'année qui va suivre, diminue la pesanteur des grains qu'elle veut semer au loin, et leur donne des ailes.

Sur toutes les haies, dans tous les sentiers de la plaine, le ver luisant allume son phophore, et la scintillation de ses feux multipliés égaie l'obscurité naissante. Le soir cède, enfin, l'empire du monde à la nuit; elle paraît non point telle qu'on la voit en hiver, chargée d'une longue robe dont le noir tissu semble teint dans les eaux du Styx, mais négligemment enveloppée d'une mante brune et légère. Une lueur faible et trompeuse réfléchie par la surface imparfaite des objets, ne porte à l'œil que des images confuses; il s'efforce en vain de les saisir, et les bois, les villages, les ruisseaux, les rochers, les montagnes dont les sommets ont retenu longtemps les derniers rayons de la lumière mourante, ne présentent plus qu'un vaste tableau sans couleurs et sans formes déterminées.

La Neige.

A ne consulter que les apparences, on dirait que la neige ne peut-être fort utile à la terre, et l'on croirait plutôt que le froid humide dont elle la pénètre doit être nuisible aux arbres et aux plantes. Mais l'expérience de tous les siècles doit nous affranchir de tout préjugé; elle nous apprend que, pour garantir le blé, les plantes et les arbres de la dangereuse influence du froid, la nature ne pouvait leur donner de meilleure couverture que la neige; quoiqu'elle nous paraisse froide, elle met la terre à l'abri des vents glacés, elle y entretient la chaleur nécessaire à la conservation des semences, et contribue même à dilater celle-ci par l'humidité du salpêtre qu'elle contient. Ainsi, déjà même dans cette saison, Dieu prépare ce qui est nécessaire à l'entretien des êtres qu'il a formés, et il pourvoit d'avance à notre nourriture et à celle d'un nombre infini d'animaux. La nature est toujours active, même dans le temps où il paraît qu'elle se repose, et nous rend des services même lorsqu'elle semble nous en refuser.

Admirons encore en ceci les tendres soins de la Providence divine. Voyez, comme dans la saison la plus rude, elle s'occupe de notre bien-être ; sans que nous l'aidions de notre travail, elle nous prépare, en silence, tous les trésors de la nature. Avec des preuves si éclatantes des ses soins bienfaisants, qui pourrait s'abandonner aux soucis et à la méfiance de ce que Dieu fait chaque hiver dans la nature ? Il le fait aussi journellement pour la conservation du genre humain. Ce qui nous paraît inutile et nuisible contribue dans la suite à notre félicité, et quand nous croyons que Dieu cesse de s'intéresser à nous, c'est alors qu'il forme des plans qui nous sont cachés, et qui, en se développant, nous délivrent de tel ou tel fléau, et nous procurent tel ou tel bien que nous n'osions pas espérer. Cependant Dieu n'a pas seulement destiné la neige à couvrir la terre, mais il a voulu qu'elle servît à la faire fructifier.

Combien de soins et de peines ne nous coûtet-il pas pour donner aux champs l'engrais qui leur est nécessaire, et combien il est aisé à la nature de parvenir à ce but. La neige qui possède cette vertu est bien plus efficace que la pluie et que tous les autres engrais.

Quand elle est amollie par le soleil, ou par une température douce, elle se dissout peu à peu ; le salpêtre qu'elle contient pénètre dans les couches les plus profondes, vivifie les tuyaux des plantes, et active la végétation plus sûrement et à moins de frais que les meilleurs engrais.

Les Plantes.

Tout ce que la terre produit se corrompt, et devient le germe d'une nouvelle fécondité. Ainsi elle reprend tout ce qu'elle a donné, pour le rendre encore; ainsi la corruption des plantes et les excréments des animaux qu'elle nourrit, la nourrissent elle-même et ajoutent à sa fertilité; ainsi plus elle donne, plus elle reprend, et elle ne s'épuise jamais pourvu qu'on sache bien lui rendre par la culture ce qu'elle a donné. Tout sort de son sein, tout y rentre et rien ne s'y perd. Toutes les semences qui y retournent se multiplient. Confiez à la terre des grains de blé; en se pourrissant ils germent, et cette même mère, féconde nous rend avec usure plus d'épis qu'elle n'a reçu de grains. Creusez dans ses entrailles vous y trouverez la pierre et le marbre pour les plus beaux édifices. Mais qui est-ce qui a renfermé tant de trésors dans son sein, à condition qu'ils se reproduisent sans cesse? Que de métaux précieux et utiles! que de matériaux destinés à la commodité de l'homme! Admirez les plantes qui naissent de la terre, elles fournissent des aliments à ceux qui ont besoin de réparer leurs forces et des remèdes aux malades. Leurs espèces et leurs vertus sont innombrables; elles ornent la terre, elles donnent de la verdure, des fleurs odoriférantes et des fruits délicieux. Vous voyez ces vastes forêts qui paraissent aussi anciennes que le monde; les arbres s'enfoncent dans la terre par leurs racines, comme leurs branches s'élèvent vers le ciel; leurs racines les défendent contre les vents, et vont chercher, comme par de petits tuyaux souterrains, tous les sucs destinés à la nourriture de leurs tiges. La tige elle-même se revêt d'une écorce dure qui met le bois tendre à l'abri des injures de l'air. Des branches distribuent en divers canaux la sève que les racines avaient réunies dans le tronc. En été, ces rameaux nous protégent par leur ombre contre les rayons du soleil. En hiver, ils nourissent la flamme qui conserve en nous la chaleur naturelle.

Leur bois n'est pas seulement utile pour le feu, c'est une matière douce quoique solide et durable, à laquelle la main de l'homme donne sans peine toutes les formes qu'il lui plaît, et dont il fait les plus beaux ouvrages d'architecture et de navigation. Les arbres fruitiers, en penchant leurs rameaux sur la terre, semblent offrir leurs fruits à l'homme. Les arbres et les plantes, en laissant tomber leurs fruits ou leurs graines, se préparent autour d'eux une nombreuse postérité. La plus faible plante, le moindre légume, contient, en petit volume, dans une graine, le germe de ce qui se déploie dans les plus hautes plantes et dans les plus grands arbres. La terre qui ne change jamais, fait ces changements dans son sein.

La Prairie.

Bois sombres et majestueux, où le sapin élève sa tête superbe, où les chênes touffus répandent leurs ombrages, et vous, fleuves qui roulez vos eaux argentées entre des montagnes grisâtres, ce n'est point vous que je veux admirer aujourd'hui ; c'est la verdure et l'émail des prés qui seront l'objet de mes contemplations. Que de beautés s'offrent à mes regards, et qu'elles sont diversifiées ! Des milliers de végétaux, des milliers de créatures vivantes !

Celles-ci volent de fleur en fleur, tandis que d'autres rampent et se traînent dans les sombres labyrintes de l'herbe touffue, infiniment variées dans leur figure et dans leur beauté. Tous ces insectes trouvent ici leur nourriture et leurs plaisirs; tous habitent avec nous sur cette terre; tous, quelque méprisables qu'ils paraissent, sont parfaits chacun dans son espèce.

Que ton murmure est doux, source limpide qui coule entre le cresson de fontaine, le trèfle et la luzerne, dont les fleurs purpurines ou blèmes sont agitées par le mouvement de tes petites vagues. Tes deux bords sont couverts d'une herbe épaisse entremêlée de fleurs qui, se courbant vers l'onde, y trouvent leurs images.

Je me penche actuellement et je regarde à travers cette forêt d'herbes verdoyantes : quel doux éclat le soleil répand sur ces diverses nuances de vert! Des plantes délicates s'entrelacent avec l'herbe, et y mêlent leurs tendres feuillages; ou bien elles relèvent orgueilleusement leurs tiges au-dessus de leurs compagnes, et étalent des fleurs qui n'ont point de parfum; tandis que l'humble violette croît sur d'arides collines, et répand autour d'elle les plus douces exhalaisons. Tel on voit dans l'indigence l'homme utile et vertueux, tandis que les grands et les riches revêtus de superbes habits, consument souvent dans l'oisiveté les biens de la terre.

Des insectes ailés se poursuivent dans l'herbe; tantôt je les perds de vue au milieu de la verdure, tantôt j'en vois un essaim s'élancer dans les airs, et se jouer aux rayons du soleil.

Quelle est cette fleur bigarrée qui se balance près du ruisseau? Que ses couleurs sont vives, qu'elles sont belles! Je m'approche et ris de mon erreur, un papillon s'envole et abandonne le brin d'herbe que son pied faisait fléchir.

Ailleurs j'aperçois un insecte revêtu d'une cuirasse noire et orné de brillantes ailes, il vient se poser sur la campanule, dont la fleur embellit nos haies.

Quel autre bourdonnement viens-je d'entendre ? Pourquoi ces fleurs courbent-elles ainsi leurs têtes ? C'est un essaim de jeunes abeilles : elles se sont envolées gaîment de leurs lointaines demeures pour se disperser dans les jardins et les prairies. A présent, elles amassent le doux nectar des fleurs, que bientôt elles iront porter dans leurs cellules. Parmi elles il n'est point de citoyenne oisive ; elles volent de fleur en fleur, et, en cherchant leur butin, cachent leurs têtes velues dans le calice des fleurs, ou bien elles pénètrent avec effort dans le sein de celles qui ne sont pas encore ouvertes, et qui se referment ensuite sur l'insecte.

Là, sur le trèfle fleuri, s'est posé un papillon ; il agite ses ailes bigarrées, il ajuste les plumes brillantes qui composent son aigrette et semble fier de ses charmes. Beau papillon, fais plier la fleur qui te sert de trône, et contemple ta riche parure dans le miroir des ondes. Alors tu seras l'image de cette jeune beauté s'admirant dans la glace qui réfléchit ses attraits ; ses vêtements sont moins beaux que ne le sont tes ailes, mais ses pensées sont aussi légères que toi.

Voyez le vermiceau courir sur le gazon ; toutes les recherches du luxe, tout l'art humain ne pourraient imiter l'or verdâtre qui couvre ses ailes, où viennent se jouer toutes les couleurs de l'arc-en-ciel.

Oh ! que la nature est belle ! Oui, la nature est belle jusque dans ses moindres productions, et celui qui peut demeurer insensible à la vue de ses charmes (parce que, en proie à des désirs tumultueux, il ne poursuit que de faux biens) se prive ainsi des plaisirs les plus purs. Heureux celui dont la vie innocente s'écoule dans la jouissance des beautés de la nature ! Toute la création lui sourit, et la joie l'accompagne dans quelque lieu qu'il porte ses pas, et dans quelqu'ombrage qu'il se repose. Heureux celui qui se plaît dans ces joies innocentes ! Son esprit est serein comme un beau jour d'été, ses affections sont douces et pures comme le pafum que les fleurs répandent autour de lui. Heureux qui dans les beautés de la nature retrouve le Créateur, heureux qui se consacre à lui tout entier !

Oh ! que la nature est belle ! L'herbe et les fleurs croissent en abondance ; les arbres sont couverts de feuillages, le doux zéphyr nous caresse, les troupeaux trouvent leur pâture ; les tendres agneaux bêlent, s'ébattent et se réjouissent de leur existence. Des milliers de pointes vertes s'élèvent dans cette prairie, et à chaque pointe pend une goutte de rosée. Combien de primevères sont ici rassemblées !.... Comme les feuilles s'agitent et quelle harmonie dans les sons que le rossignol fait entendre ! Tout exprime la joie, tout l'inspire ; elle règne dans les vallons et sur les coteaux, sur les arbres et sur les bocages.

La Vigne.

La vigne ne réussit jamais bien sur un terrain uni ; ce n'est pas même sur toutes sortes de coteaux qu'elle se plaît, mais seulement sur ceux qui sont tournés au levant ou au midi. Les collines sont, en quelque sorte, le boulevard de la nature qu'elle nous invite à garnir comme autant de grands espaliers. Les coteaux les plus arides, et tous ces terrains en pente où l'on ne peut mettre la charrue, ne laissent pas de se couvrir tous les ans de la plus belle verdure, et de produire le plus délicieux de tous les fruits. Si le terrain qui nourrit paraît si maigre et si peu agréable, la plante qui nous donne le vin n'a pas plus d'apparence. Qui aurait cru, avant l'expérience, qu'un vil bois, le plus informe de tous, le plus fragile, le plus inutile à tout usage, pût produire une liqueur si précieuse ? Et cependant le feu qui anime le cep est tel, que la sève est poussée avec cinq et même huit fois plus de force que le sang dans les veines des animaux. De plus, l'évaporation de la vigne est si considérable, que pour remplacer ce qui s'évapore par les feuilles, il faut que 1 mètre et 1/2 de sève monte dans le cep dans l'espace de douze heures. Qui a donné à la vigne la qualité si supérieure à la bassessse de son origine et à la sécheresse de sa terre natale ?

Et avec quelle sagesse Dieu n'a-t-il pas distribué les vignobles sur la terre! Ils ne réussissent pas également partout, et pour qu'ils prospèrent, il faut qu'ils soient situés dans le quarantième ou le cinquantième degré de latitude, par conséquent au milieu du globe.

L'Asie est proprement la patrie de la vigne. De là, sa culture s'étendit peu à peu en Europe. Les Phéniciens, qui voyagèrent de bonne heure sur les côtes de la Méditerrannée, la portèrent dans la plupart des îles et sur le continent.

Elle réussit merveilleusement dans les îles de l'Archipel, et fut dans la suite portée en Italie. Les vignes s'y multiplièrent considérablement, et les Gaulois qui en avaient goûté la liqueur, voulant s'établir dans les lieux où on la recueillait, passèrent les Alpes et allèrent conquérir les deux bords du Pô. Peu à peu les vignes furent cultivées dans toute la France, et enfin, aussi sur les rives du

Rhin et de la Moselle, et dans plusieurs provinces de l'Allemagne.

ooooooooooooooooooooooooooooooooooooooooooooo

La Chute des feuilles.

Nous commençons peu à peu de nous apercevoir des ravages que l'approche de l'hiver fait dans les forêts et dans les jardins. Toutes les plantes, à la réserve d'un petit nombre d'entr'elles, perdent leurs feuilles qui faisaient un de leurs principaux ornements. Mais quelle peut en être la cause?

Celle qui se présente le plus naturellement, c'est l'arrivée du froid; car, à peine les feuilles sont elles couvertes du premier givre, qu'on les voit tomber en quantité, et bientôt les végétaux sont dépouillés de leur parure, et cela ne saurait être autrement, puisque le froid occasionne une stagnation dans la sève des plantes, et empêche qu'elle ne se dissipe par la transpiration des feuilles. Mais le froid n'est pas l'unique cause de leur chute. Elles ne laissent pas de tomber lorsqu'il ne gèle point de tout l'hiver, et cela arrive même aux arbres que l'on a mis dans les serres pour les garantir du froid. Il est donc vraisemblable que d'autres causes encore contribuent à dépouiller les arbres de leurs feuilles, et celles-ci se dessèchent parce que la racine ne fournit plus ce qui est nécessaire pour la transpiration; car il est incontestable que les branches croissent encore quelque temps en grosseur lorsqu'elles ne croissent plus en longueur. Quand donc, au temps où les branches grossissent encore journellement, les queues et les péricules des feuilles ne grossissent point de leur côté; il faut nécessairement que les fibres des feuilles se détachent des fibres des branches, et alors les feuilles tombent.

Mais il ne faut pas croire que les feuilles tombées se perdent entièrement et ne soient d'aucune utilité. La raison et l'expérience nous prouvent le contraire. Rien ne périt, rien n'est inutile dans le monde, et, par conséquent, la feuille qui tombe des plantes et des arbres a aussi son usage. Ces feuilles qui se pourrissent après leur chute engraissent la terre. La neige et les pluies en détachent les sels qui y restent et les conduisent aux racines des arbres. Cette jonchée de feuilles réserve, sous son épaisseur, les racines des jeunes plantes ; elle couvre les grains et entretient autour d'elles la chaleur et l'humidité nécessaires. C'est ce qu'on remarque surtout à l'égard des feuilles de chêne ; elles fournissent un excellent engrais, non seulement à l'arbre même, mais aussi à ses rejetons, et elles sont d'ailleurs très-avantageuses aux pâturages qui se trouvent dans les forêts, en ce qu'elles favorisent l'accroissement de l'herbe qu'elles couvrent, et sur laquelle elles pourrissent. Ces avantages sont si importants que l'on ne ramasse jamais les feuilles tombées pour en faire du fumier, à moins qu'elles ne soient en si grande quantité dans les forêts, que l'herbe ne soit plutôt étouffée que nourrie. Les feuilles peuvent servir d'engrais de diverses manières : on les répand dans les étables au lieu de paille, et on fait une bonne litière pour les bestiaux, ou bien on les mêle avec du fumier ordinaire. Ce terreau est surtout d'une grande utilité pour les jardins où l'on en fait des couches qui contribuent beaucoup à l'accroissement des fruits et des jeunes arbres. Mais, dira-t-on, combien la chute des feuilles n'est pas destructive pour une infinité d'insectes qui font leur demeure sur les feuilles des arbres et des plantes. Il est vrai que l'automne abat des armées entières d'insectes avec leur couvée ; mais, s'en suit-il de là, que ces petites créatures périssent ?

Qui empêche que, sur la terre même, elles vivent sous les feuilles qui les couvent et les garantissent du froid?

La chute des feuilles est une image de ma vie et de la fragilité de toutes les choses terrestre. Je suis une feuille qui tombe, et la mort marche à mes côtés. Dès aujourd'hui, peut-être, je me flétrirai, et demain je ne serai plus qu'un peu de poussière. Je ne tiens qu'à un fil, et je puis à toute heure être dépouillé de toute ma beauté et de toute ma vigueur. Un air froid, le moindre vent peu me renverser, et mon corps rentrera dans la poussière. Mais, si je laisse après moi des fruits permanents à leur maturité, des fruits de justice, de charité et de sainteté, je pourrai sortir avec gloire de ce monde terrestre.

Dieu! qui est Notre Sauveur et le Père de Notre Seigneur Jésus-Christ, fais-moi la grâce de porter des fruits avec abondance pour l'édification de mes frères et pour mon salut; fais que je remporte la victoire sur cette terre, c'est-à-dire que je vive d'une manière qui soit conforme à tes commandements, et que je me prépare par-là une place dans ton Paradis. Fais-moi la grâce, ô Dieu! de participer dans ton royaume avec tous tes élus, et que je sois un bon exemple à mes frères. Amen.

Migration des oiseaux.

Voici le temps (vers le moment de la chute des feuilles), où la plus grande partie des oiseaux qui, pendant l'été, trouvaient leur demeure et leur nourriture dans nos campagnes, nos jardins et nos forêts, vont quitter nos climats pour passer dans d'autres pays.

Il n'y en a que fort peu qui passent l'hiver avec nous : comme le loriol, le corbeau, la corneille, le moineau, le roitelet, la perdrix; les autres s'absentent, pour la plupart, en nous abandonnant entièrement. Cette migration est à tous égards merveilleuse, et si, pendant le séjour que ces créatures ont fait parmi nous, nous ne les avions pas assez étudiées, nous devrions au moins leur donner quelqu'attention, à présent qu'elles prennent congé de nous; cela nous engagera, peut-être, à les mieux observer lorsqu'elles reviendront au printemps.

Quelques espèces d'oiseaux, sans prendre leur essort fort haut, et sans partir de compagnie, tirent peu à peu vers le Sud, pour aller chercher des grains des fruits qu'ils préfèrent; mais ils reviendront bientôt. D'autres, qu'on nomme oiseaux de passage, se rassemblent dans certaines saisons, partent en troupe et se rendent dans d'autres climats. Quelques espèces se contentent de passer d'un pays en un autre; d'autres traversent les mers et entreprennent des voyages d'une longueur qui surprend. Les oiseaux de passage les plus connus, sont les cailles, les hirondelles, les canards sauvages, les pluviers, les bécasses et les grives, avec quelques autres oiseaux qui se nourrissent de vers. Les cailles au printemps passent d'Afrique en Europe, pour y jouir d'une chaleur modérée. Elles vont par troupe, quelquefois comme des nuées; assez souvent elles tombent de lassitude sur les vaisseaux, et on les prend sans aucune peine.

La méthode des hirondelles paraît différente : plusieurs passent la mer, mais il y en a beaucoup qui s'arrêtent en Europe, et en s'accrochant les unes aux autres, pattes contre pattes et becs contre becs, elles se mettent par tas dans des endroits éloignés du passage des hommes et des animaux.

Les canards sauvages et les grives vont aussi, aux approches de l'hiver, chercher des climats plus doux. Tous s'assemblent à un certain jour, et partent de compagnie. Ils s'arrangent ordinairement sur deux lignes, réunies en pointe, comme un A renversé. Un se met à la tête, suivi des autres, dont les rangées s'étendent toujours davantage. Le canard ou la grive qui fait la pointe, fend l'air et facilite le passage à ceux qui suivent, et dont le bec est toujours posé sur la queue de ceux qui les devancent. L'oiseau conducteur n'est qu'un temps chargé de la commission; il passe de la pointe à la queue pour se reposer, et il est relevé par un autre. Mais tous les oiseaux de passage ne se rassemblent pas en troupe; il y en a qui font le voyage seuls, d'autres avec leurs femelles et toute leur famille, d'autres encore en petite compagnie. Ils font leur trajet en assez peu de temps, puisqu'aux côtes du Sénégal on a vu des hirondelles dès le 9 octobre, c'est-à-dire, huit ou neuf jours après leur départ d'Europe.

On ne saurait trop admirer ces migrations des oiseaux; sans doute que le passage du chaud au froid et le défaut de nourriture les avertissent de changer de demeure. Mais, d'où vient que, lorsque la température de l'air leur permettrait de rester et qu'ils trouvent encore des aliments, ils ne laissent pas de partir au temps marqué?

D'où vient que tous s'éloignent de nos contrées de temps en temps, comme s'ils avaient fixé d'avance le jour de leur départ? Comment! dans l'obscurité de la nuit et sans connaître les pays et les climats, poursuivent-ils si constamment leur route? Nous pouvons reconnaître dans ces migrations des oiseaux les sages et bienfaisantes directions de la Providence. Quels moyens n'emploie-t-elle pas pour conserver et pour nourrir certaines espèces d'oiseaux! Avec quels tendres soins ne pourvoie-t-elle pas à leurs besoins, lorsque la subsistance vient à leur manquer dans certaines régions. Apprenons que tout dans le vaste empire de la nature est arrangé avec la plus grande sagesse. L'instinct n'est-il pas pour les oiseaux de passage ce que la raison est pour l'homme, et ne leur enseigne-t-il pas à faire ce qu'ils feraient s'ils avaient l'intelligence, savoir : de changer à propos de demeure.

Les Semailles d'hiver.

Une grande partie des nourritures destinées à l'homme et aux animaux sont confiées à la terre, à présent que le laboureur a semé le blé de l'hiver. Ces semailles faites, il commence de jouir de quelque repos. Il aura bientôt la satisfaction de voir son champ se couvrir d'une belle verdure et lui promettre une abondante récolte.

A la vérité, la nature travaille d'abord en secret, tandis que le germe se développe. Mais on peut néanmoins épier ses opérations en tirant de la terre quelques-uns des grains qui commencent à germer. Deux jours après qu'on a jeté une graine en terre, les sucs dont elle se gonfle se communiquent au germe et le font sortir. Le germe est toujours situé à une des extrémités de la graine, et la partie du germe qui est vers le dehors est la petite racine de la plante future. La partie du germe qui est tourné vers l'intérieur du corps de la graine, est la tige et la tête de la plante. Le germe du blé qu'on avait enterré commence pour l'ordinaire vingt-quatre heures après qu'on l'a semé à percer le sac de la graine et à se dégager. Il met dehors sa racine et sa tige. La racine est d'abord enveloppée d'une bourse qu'elle crève. D'autres racines s'échappent de côté quelques jours après, et sortent chacune de l'étui qui les couvraient. Le cinq ou le sixième jour le blé commence à pousser une petite pointe de verdure hors de la terre. Il reste dans cet état jusqu'à la belle saison ; alors l'épi sort des étuis où il se dérobait à un air trop froid et aux influences d'une température incertaine.

Tout dans la nature se rapporte au bien des hommes. C'est pour toi que toute la nature agit et travaille sur la terre, dans l'air et dans les eaux. Pour toi le cheval est armé de cette corne dont il n'aurait pas besoin s'il ne devait pas traîner des fardeaux et gravir au haut des montagnes. Pour toi le ver à soie file son cocon, s'y renferme et abandonne ensuite ce tissu si artistement construit. Pour toi le moucheron dépose ses œufs dans les eaux, afin qu'ils servent de nourriture aux écrevisses et aux poissons qui serviront eux-mêmes à ta subsistance. Pour toi l'abeille va recueillir dans le sein des fleurs ce miel exquis qui t'est destiné. Pour toi le bœuf est attaché à la charrue, et ne demande pour prix de ses travaux qu'une légère nourriture. C'est encore pour toi que les forêts, les champs et les jardins abondent en richesses dont la plupart seraient perdues si elles ne servaient à ton usage, de même que les trésors renfermés dans le sein des montagnes.

Les Chenilles.

Ces insectes, si désagréables aux amateurs des jardins, si dégoûtants pour les personnes trop délicates, ne laissent pas de mériter notre attention.

Les espèces connues de chenilles remontent à trois cents, et l'on en découvre tous les jours de nouvelles. Leur taille, leur couleur, leur forme, leurs inclinations et leur façon de vivre, tout varie d'une espèce à l'autre; mais elles ont toutes ceci de commun, qu'elles sont composées de plusieurs anneaux qui, en s'éloignant et se rapprochant les uns des autres, portent le corps partout où il a besoin d'aller. La nature leur a donné deux sortes de pieds, qui tous ont leur utilité particulière. Les six pieds de devant sont des espèces de crochets dont elles se servent pour saisir fortement les objets et s'y cramponner; la plante des pieds postérieurs est large et armée de petits ongles aigus. Avec ces crochets elles attirent les feuilles, l'herbe et les autres nourritures dont elles ont besoin, et elles affermissent la partie extérieure de leur corps jusqu'à ce qu'elles aient fait avancer les anneaux postérieurs. Les pieds de derrière leur servent à se tenir fermes et à se cramponner à l'objet qui leur sert de reposoir. Lorsqu'elles sont sur une branche ou sur une feuille, elles peuvent saisir de loin ce qui doit leur servir de nourriture; en s'accrochant par les pieds de derrière, elles haussent et élèvent la partie antérieure de leur corps, l'agitent et le balancent en l'air, la tourmentent de tous côtés, débordant considérablement la feuille, atteignent leurs aliments et les arrêtent au moyen de leurs crochets. Quelqu'approprié que soit le corps de la chenille à ses divers besoins, il est cependant bien remarquable que son état n'est que passager, que ses membres ne subsistent qu'un certain temps, et que bientôt elles devient une chrysalide sans pieds et sans mouvements, jnsqu'à ce qu'elle se métamorphose en une créature qui appartient à la classe des habitants de l'air.

Transformation des Chenilles.

La métamorphose des chenilles en papillons est certainement un des phénomènes les plus merveilleux de la nature, et il mérite à plusieurs égards notre attention. Déjà la manière dont les chenilles se préparent à leur changement d'état est très-surprenante : elles ne deviennent pas tout d'un coup des papillons, mais elles passent par un état mitoyen. Après avoir changé trois ou quatre fois, la chenille se dépouille de sa dernière peau, et devient une substance qui ne ressemble en rien à une créature vivante. Elle se trouve enveloppée d'une coque dure qu'on appelle chrysalide nymphe, et qui ressemble un peu à un enfant emmailloté. La chenille reste dans cet état une, deux ou trois semaines, quelquefois même six à dix mois, jusqu'à ce qu'enfin elle sorte de cette espèce de sépulcre sous la forme d'un papillon.

Il y a proprement deux sortes de papillons. Les ailes des uns sont relevées, celles des autres sont baissées. Les premiers volent pendant le jour, les derniers volent ordinairement pendant la nuit. Les chenilles des papillons nocturnes se filent une coque et s'y renferment, lorsque le temps de leur métamorphose approche; celles qui doivent devenir des papillons de jour ou diurnes, se suspendent en plein air à un arbre, à une plante, à un échalas, à une muraille ou à quelqu'autre chose semblable. Pour cet effet, elles se font un très-petit tissu avec un fil très-délié, recourbé vers le haut. Quelques-unes de ces chenilles, et particulièrement celles qu'on appelle épineuses, restent en cet état suspendues perpendiculairement la tête en bas; d'autres se font encore un fil qui les environne par le milieu du corps et qui affermit des deux côtés. C'est de l'une ou de l'autre de ces deux manières que toutes les chenilles, tant celles des papillons diurnes que celles des papillons nocturnes, s'ensevelissent pour ainsi dire toutes vivantes, et semblent attendre tranquillemet la fin de leur état de chenilles ; comme si elles prévoyaient qu'après un court repos elles recouvreront une nouvelle existence, et se montreront dans une forme brillante.

Rien de plus beau, ni de plus brillant que les ailes des papillons de jour ; toutes les magnificences que les hommes pourraient faire ne seraient pas si brillantes que les ailes des charmants papillons ; elles sont très-belles et de diverses couleurs, les couleurs qui les décorent sont très-transparentes et très-agréables à la vue.

Rien de plus étonnant que de voir les abeilles qui forment une espèce de république ; elles vivent en société et ont une gouvernante qui se nomme reine, elle est au-dessus de toutes les autres abeilles d'une même ruche, et lorsqu'elle meurt toutes les autres sont comme dans le deuil.

Les fourmis, de même que les abeilles, forment une sorte de république ; elles sont unies entre elles et vivent en société comme les abeilles ; elles forment une espèce de ville où il y a des rues qui aboutissent à différents magasins ; pendant l'été elles s'approvisionnent de vivres pour l'hiver, elles ramassent toutes sortes de grains et particulièrement du blé.

Tout ce que Dieu a fait est beaucoup au-dessus de ce que les hommes pourraient faire ; toutes les plus belles choses que les hommes les plus industrieux feraient, ne seraient rien en comparaison de ce que Dieu a fait, et il fait tous les jours des choses admirables ; par exemple, lorsqu'il fait lever le soleil pour éclairer toute la terrre et qui est plus brillant que tous les plus beaux diamants que l'art des hommes façonne. Ainsi toutes les plantes, tous les arbres, toutes les espèces d'animaux, tous les minéraux et enfin toutes les choses qui sont sur la terre et au ciel sont infiniment merveilleuses et montrent la grande puissance de Dieu.

Préceptes de conduite.

Des Devoirs de l'Homme envers la Société.

Les hommes, en formant une société, se sont fait des devoirs et des lois salutaires. Celui-là, mes enfants, a le plus d'équité qui s'écarte le moins de ces lois nécessaires. La moindre infraction à la loi sociale blesse en effet toujours l'austère probité. Le véritable objet de toute la morale, est le respect des lois de la société.

Mes enfants tout le monde a besoin d'un appui : l'homme est, s'il reste seul, d'une faiblesse extrême ; jamais le plus puissant n'est fort que par autrui, il lui faut des secours, il n'est rien par lui-même.

Maximes pour régler sa conduite.

Dieu a dit : Mon fils, n'oubliez point ma loi, et que votre cœur garde mes commandements, car vous y trouverez la longue vie et la paix. Que la miséricorde et la vérité ne s'éloignent jamais de vous. Mettez-les comme un collier autour de votre cou, gardez-les dans votre cœur, et votre sage conduite vous fera trouver grâce devant Dieu et devant les hommes. Ayez confiance en Dieu de tout votre cœur et ne vous appuyez point sur votre prudence. Pensez à lui dans toutes vos actions, et il conduira lui-même vos pas. Ne soyez point sage à vos propres yeux, craignez le Seigneur et éloignez-vous du mal. Honorez le Seigneur, en lui faisant part de vos biens, et donnez-lui les prémices de vos fruits, alors vos greniers seront remplis de grains, et vos pressoirs regorgeront de vin. Mon fils, ne rejetez point la correction du Seigneur, et ne vous laissez point abattre par le chagrin, lorsqu'il vous châtie ; car le Seigneur châtie celui qu'il aime, comme un père corrige son fils qu'il chérit tendrement. Heureux celui qui a trouvé la sagesse, et qui est riche en prudence ! Le trafic de la sagesse vaut bien mieux que celui de l'argent, et le fruit qu'on en tire est préférable à l'or le plus fin et le plus pur : elle est plus précieuse que toutes les richesses, et tout ce qu'on peut désirer ne mérite pas d'entrer en comparaison avec elle : elle tient dans sa main droite la longue vie, et dans sa gauche les richesses et la gloire ; ses voies sont agréables, et la paix règne dans ses sentiers ; elle est un arbre de vie pour ceux qui l'embrassent, et quiconque se tient uni à elle, y trouve son bonheur. Mon fils, que ces choses ne s'éloignent pas de devant vos yeux : gardez la loi et les conseils que je vous donne, et votre âme y trouvera la vie. Vous marcherez alors avec confiance dans votre voie, et votre pied ne heurtera point, vous dormirez sans crainte, et votre sommeil sera tranquille ; vous ne serez point saisi d'une frayeur soudaine, et vous ne craindrez point les efforts de la puissance des impies, car le Seigneur sera à côté de vous, et il conduira vos pieds, afin que vous ne tombiez pas dans le piége.

Exhortations de la Sagesse adressées à tous les hommes.

La sagesse ne crie-t-elle pas et la prudence ne fait-elle pas entendre sa voix? Elle se tient le long du chemin sur les lieux les plus élevés; elle se place aux portes des villes, et elle parle en ces termes : O hommes! c'est à vous que ma voix s'adresse. Apprenez, imprudents, ce que c'est que la sagesse, et vous, insensés, rentrez en vous-mêmes; écoutez moi, recevez mes instructions avec plus de joie que si c'était de l'argent, et préférez la science à l'or le plus pur. La crainte du Seigneur a horreur du mal; il déteste l'insolence et l'orgueil, la vue corrompue et la langue double. Moi, qui suis la Sagesse, je suis présente dans les conseils et dans les délibérations les plus prudentes. C'est de moi que viennent le conseil et l'équité; c'est de moi que viennent la prudence et la force. C'est par moi que les rois règnent ; c'est par moi que les législateurs ordonnent ce qui est juste et que les princes rendent la justice : j'aime ceux qui m'aiment, et ceux qui veillent dès le matin pour me chercher me trouveront. Mes délices sont d'être avec les enfants des hommes. Ecoutez-moi donc maintenant, mes enfants : Heureux ceux qui marchent dans mes voies! Heureux celui qui m'écoute, qui veille tous les jours à l'entrée de ma maison, et qui se tient à ma porte! Celui qui me trouve, trouve la vie, et il sera aimé et béni de Dieu, mais celui qui pêche contre moi blesse son âme. Tous ceux qui me haïssent aiment la mort.

De la piété des enfants envers leurs Pères et leurs Mères.

Ecoutez, enfants, les avis de votre père, et suivez-les afin que vous soyez sauvés, car Dieu a rendu le père vénérable aux enfants, et il affermit sur eux l'autorité de la mère. Celui qui honore son père recevra lui-même de la consolation de ses enfants, et il sera exaucé au jour de sa prière. Celui qui craint le Seigneur, honorera son père et sa mère, et il servira toute sa vie ceux qui lui ont donné la vie.

Honorez votre père de tout votre cœur, et n'oubliez point les douleurs de votre mère. Souvenez-vous que vous ne seriez point né sans eux, et faites tout pour eux, comme ils ont tout fait pour vous. Honorez votre père par actions, par paroles et par une patience sans bornes, afin qu'il vous bénisse et que sa bénédiction demeure sur vous jusqu'à la fin. La bénediction du père affermit la maison des enfants, et la malédiction de la mère la détruit jusqu'aux fondements. Mon fils, soulagez votre père dans sa vieillesse, et ne l'attristez point durant sa vie. Si son esprit s'affaiblit, supportez-le et ne le méprisez pas à cause des avantages que vous avez au-dessus de lui; car la charité que vous aurez eue pour votre père ne sera point mise en oubli, et Dieu vous récompensera pour avoir supporté les défauts de votre mère. Il vous établira dans la justice, il se souviendra de vous au jour de l'affliction, et vos péchés seront anéantis comme la glace qui se fond au jour serein. Combien est infâme celui qui abandonne son père! et combien est maudit de Dieu celui qui aigrit l'esprit de sa mère!

Douceur, Humilité, Curiosité et Cœur dur.

Mon fils, montrez de la douceur dans tout ce que vous faites, et vous serez plus aimé que si vous faisiez les actions les plus éclatantes aux yeux des hommes. Humiliez-vous en toute chose, à proportion de ce que vous êtes grand et élevé, et vous trouverez grâce devant Dieu; car Dieu seul est grand et puissant, et il n'est honoré que par les humbles. Ne cherchez point à découvrir ce qui est au-dessus de vous, et ne tâchez point de pénétrer ce qui surpasse vos forces; mais méditez sans cesse les commandements de Dieu, et n'examinez point avec curiosité la plupart de ses ouvrages. Ce sont des secrets qu'il n'est pas nécessaire que vous voyiez de vos yeux. Dieu vous a découvert beaucoup de choses qui sont au-dessus de l'esprit humain. Contentez-vous de ces connaissances. Plusieurs ont été séduits par la fausse opinion qu'ils ont conçue d'eux-mêmes, et l'illusion de leurs pensées les a retenus dans la vanité et le mensonge.

Aumône et Compassion pour les Misérables.

L'eau éteint le feu lorsqu'il est ardent, et l'aumône expie le péché. Dieu qui récompense les bonnes œuvres considère l'aumône, il s'en souvient dans la suite et celui qui l'a faite trouvera un appui au temps de sa chute. Mon fils, ne privez pas le pauvre de son aumône, et ne détournez pss vos yeux de dessus lui. N'attristez point le cœur du pauvre, et ne différez pas de donner à celui qui se trouve dans un besoin pressant. Ne détournez point vos yeux du pauvre, quoiqu'il vous importune, et ne donnez point sujet à ceux qui vous demandent de vous maudire derrière vous : car celui qui vous maudira dans l'amertume de son âme sera exaucé par celui qui l'a créé. Prêtez l'oreille au pauvre sans chagrin, et répondez-lui favorablement et avec douceur. Délivrez de la main du superbe celui qui souffre l'injustice, et ne soyez point lâche et timide quand il sagit de prendre sa défense ; soyez dans vos jugements comme le père des orphelins ; tenez-leur lieu de mari à leur mère, et vous serez à l'égard du Très-Haut comme un fils obéissant, et il aura plus de tendresse pour vous qu'une mère n'en a pour son fils.

Aimer la Vérité et la Justice aux dépens de tout. Douceur, Libéralité.

Mon fils, ménagez le temps et évitez le mal. Ne rougissez point de dire la vérité, quand il sagirait de votre vie ; car il y a une sorte de honte qui fait tomber dans le péché, et il y en a une autre qui attire la gloire et la grâce. N'ayez point d'égard à la qualité des personnes aux dépens de votre salut, et ne vous exposez point à perdre votre âme en vous laissant aller au mensonge. Ne retenez point une parole lorsqu'elle peut être salutaire. Gardez-vous de contredire en aucune sorte la parole de la vérité, et ayez confusion du mensonge où vous êtes tombé par ignorance. Ne rougissez point d'avouer vos fautes. Prenez la défense de la justice pour sauver votre âme ; combattez jusqu'à la mort pour la justice, et Dieu combattra pour vous et renversera vos ennemis. Ne soyez point prompt à parler, et lâche et négligent à agir. Ne soyez point comme un lion dans votre maison, en vous rendant terribles à vos domestiques et maltraitant ceux qui vous sont soumis. N'ayez point la main ouverte pour recevoir, et fermée pour donner.

Nulle confiance dans les richesses. Dieu lent à punir. Ne point différer sa conversion.

Ne vous appuyez point sur les richesses injustes, et ne dites point : « J'ai suffisamment de quoi vivre ; » car cela ne vous servira de rien au jour de la vengeance et de l'obscurité. Ne vous abandonnez pas aux mauvais désirs de votre cœur, parce que vous êtes puissant, et ne dites pas : « Qui aura le pouvoir de me faire rendre compte de mes actions ? » Car Dieu certainement en tirera vengeance. Ne dites point : « J'ai péché, et quel mal m'en est arrivé ? » Car le Très-Haut est lent à punir. Ne soyez point sans crainte au sujet du péché qui vous a été pardonné, et n'ajoutez point péché sur péché. Ne dites pas : « La miséricorde du Seigneur est grande ; il aura pitié du grand nombre de mes péchés. » Car son indignation aussi bien que sa miséricorde est proche, et sa fureur accablera les méchants. Ne différez point à vous convertir au Seigneur, et ne remettez point de jour en jour votre retour vers lui, car sa colère éclatera tout d'un coup, et il vous perdra au jour de sa vengeance.

Eviter la légèreté d'esprit, l'Indiscrétion à parler, les faux rapports.

Ne tournez point à tout vent, et n'allez point par toutes sortes de routes. Soyez ferme dans la voie du Seigneur, et constant dans vos sentiments lorsqu'ils sont conformes à la vérité, et que la parole de la paix et de la justice vous accompagne toujours. Ecoutez avec douceur ce qu'on dit, afin d'acquérir l'intelligence, et de rendre avec sagesse une réponse véritable. Si vous êtes assez éclairé répondez à votre prochain qui vous consulte, sinon que votre main soit sur votre bouche, de peur qu'il ne vous échappe quelque parole indiscrète dont vous auriez de la confusion. Evitez de passer pour un semeur de rapports, et prenez garde que la langue ne devienne pour vous un piége et un sujet de confusion; car la langue double sera punie par de rigoureux châtiments, et le semeur de rapports s'attire la haine, l'inimitié et l'infamie. Faites également justice aux petits et aux grands.

Du choix d'un ami. Prix d'un ami fidèle. Être constant dans l'amitié.

La parole douce acquiert beaucoup d'amis, et adoucit les ennemis : la langue de l'homme vertueux a une douceur qui le rend aimable. Tâchez d'avoir beaucoup d'amis avec qui vous puissiez bien vivre, mais choisissez entre mille celui dont voulez prendre conseil. Si vous voulez avoir un ami, ne le prenez qu'après l'avoir éprouvé, et ne vous fiez pas à lui.

Car tel est ami qu'il ne l'est que tant qu'il y trouve son avantage, et qui cesse de l'être au jour de l'affliction. Tel est ami qui se change en ennemi : tel est ami qui prendra querelle avec vous, et qui par haine découvrira des choses qui ne vous feront pas honneur : tel est ami, qui ne l'est que pour la table, et qui ne le sera plus au temps de l'adversité. Éloignez-vous de vos ennemis et donnez-vous de garde de vos amis. L'ami fidèle est une puissante protection : celui qui l'a trouvé a trouvé un trésor. Rien n'est comparable à l'ami fidèle, et l'or et l'argent ne méritent pas d'être mis en balance avec l'avantage de sa fidélité. Ceux qui craignent le Seigneur trouveront un tel ami.

Du Travail.

L'homme est né pour travailler, il éprouve mille besoins qui se renouvellent sans cesse, et aucun d'eux ne peut être satisfait sans des peines ni des fatigues.

L'amour du travail est donc une qualité essentielle que doit posséder un jeune homme; ayez toujours présente à la pensée cette vérité : il n'est point de vice que l'oisiveté ne puisse enfanter. Le nombre est bien petit de ceux à qui la Providence a donné assez pour qu'ils puissent rester dans le repos; que seraient, sans le travail, ceux qu'elle a le moins favorisés? Si tu te livres à la mollesse, si tu t'endors dans la fainéantise, que deviendras-tu sur la terre? As-tu le droit d'aller vivre aux dépens des autres? Et tandis que tu es enseveli dans une lâche oisiveté, se fatigueront-ils pour toi? Le paresseux n'est bon à rien, il n'a de force pour rien, à charge aux autres, inutile à lui-même ; il végète dans une espèce d'engourdissement ; la misère s'approche, et cette vue même ne peut réveiller son activité ; et bientôt il est réduit, pour vivre, à tendre la main et à recevoir honteusement quelques pièces de monnaie qu'on lui donne par pitié.

La paresse et l'oisiveté sont la source de l'ennui, elles jettent dans la langueur et le dégoût : semblables à un homme rassasié qui ne sent plus la saveur des mets les plus délicats, le paresseux ne peut être réveillé de son engourdissement par les plaisirs même les plus vifs : il traîne nonchalamment sa vie, tout l'énerve, tout l'épuise. Le travail donne l'activité à l'âme, comme il en donne au corps ; il excite le goût du plaisir, de même que l'exercice excite l'appétit. Le temps se traîne bien lentement pour le paresseux ; il accroît la longueur des jours, il ne sait que faire, son oisiveté l'accable ; l'homme actif voit arriver la fin de la journée sans s'être aperçu de sa durée. Quand après de longues fatigues l'homme laborieux rentre dans sa maison, les caresses de ses enfants, leur joie innocente, la tendresse d'une épouse, l'ont bientôt délassé ; il goûte ces instants de loisir, avec d'autant plus de charmes qu'il sait que c'est un prix qu'il a mérité. L'homme laborieux est presque toujours l'homme de bien. La paresse est la mère de tous les vices.

De l'Ordre.

L'ordre est une qualité inséparable de l'amour du travail, aussi conçoit-on ordinairement une opinion défavorable du jeune homme qui n'a pas d'ordre : cette confusion dans ce qui est autour de lui, fait penser naturellement qu'il ne sait pas mieux régler ce qui se passe dans son cœur; le désordre dans la conduite est la marque ordinaire du désordre de l'âme.

Celui qui n'a pas d'ordre est embarrassé de tout, parce que tout est déplacé autour de lui : pour lui les plus petites occupations deviennent des affaires sérieuses, parce qu'il ne sait point régler son temp et ses travaux : mille soins divers se jettent à la traverse : il se détourne pour une chose pour une autre et s'arrête à des objets étrangers. Entreprend-il un ouvrage, il le commence avec zèle mais bientôt il se relâche et s'interrompt. Il prend, il quitte, et reprend vingt fois sa tâche; rien n'est prêt, mille choses lui manquent, il s'agite à les chercher, et de cette confusion naissent l'ennui et le dégoût. Ainsi dans une machine tous les ressorts et les rouages sont dérangés, les mouvements se trouvent sans cesse ou gênés ou arrêtés.

Tout est sagement réglé, au contraire dans la conduite d'un jeune homme d'ordre; ses actions se suivent, ses occupations sont tracées, son temps est distribué; autour de lui tout est à sa place.

En voyant la régularité de sa vie tout entière, on juge qu'il doit avoir dans ses maux la même régularité.

Exhortation au Travail. Exemple de la Fourmi.

Paresseux, allez à la fourmi : considérez sa conduite et apprenez à être sage, puisque n'ayant ni chef, ni maître, ni commandant, elle a soin néanmoins de faire sa provision durant l'été, et d'amasser pendant la moisson de quoi se nourrir pendant l'hiver.

Jusqu'à quand dormirez-vous, paresseux? Quand vous réveillerez-vous de votre sommeil? Vous dormirez un peu, vous sommeillerez un peu, vous vous croiserez un peu les bras pour dormir, et l'indigence viendra vous surprendre comme un homme qui marche à grand pas, et la pauvreté se saisira de vous comme un homme armé. Mais, si vous êtes laborieux, votre maison sera comme une source abondante, et l'indigence fuira loin de vous.

oooooooooooooooooooooooooooooooooooooooooooooo

Ne perdez jamais de vue la loi de Dieu.
Evitez les occasions du péché.

Observez, mon fils, les ordres de votre père, et n'abandonnez point la loi de votre mère. Tenez-les sans cesse liés à votre cœur, attachez-les autour de votre cou. Lorsque vous marchez, qu'ils vous accompagnent; qu'ils vous gardent lorsque vous dormez, et en vous reveillant, entretenez-vous avec eux; car, le commandement est une lampe, la loi est une lumière, et la réprimande qui vous instruit est le chemin de la vie, afin qu'ils vous défendent de la femme corrompue, et de la langue flatteuse de l'étrangère. Que votre cœur ne conçoive point de passion pour sa beauté, et ne vous laissez point surprendre aux regards de ses yeux. Un homme peut-il cacher du feu dans son sein sans que ses habits soient brûlés? Peut-il marcher sur des charbons ardents sans se brûler la plante des pieds.

Un bon Fils.

La piété filiale ne reste jamais sans récompense; je vais vous en citer un exemple :

Le feu avait consumé un mosquée à Constantinople; les chrétiens ayant été accusés d'être les auteurs de l'incendie, un grand nombre d'entre eux furent condamnés à mort par le sultan Amurat II. Un des plus jeunes qui marchait au supplice avec fermeté, s'écria : « Je ne regretterais pas la vie, si je ne laissais point une mère pauvre, infirme, et qui n'a de soutien que moi. » Un autre chrétien s'élance aussitôt du milieu des spectateurs, en disant à haute voix : « Je n'ai point de mère. » Il se jette aux pieds du sultan, et obtient la grâce de remplacer ce bon fils, et jouit en mourant pour lui du bonheur de le rendre à sa pauvre mère.

Devoirs du Travail.

Le travail est le premier bien de l'homme et la source de son bonheur.

Non seulement le travail vous produira tous les objets nécessaires à la vie, mais il tient encore notre âme dans une activité précieuse qui chasse l'ennui et détourne les désirs de mal faire.

La perte du temps ne peut jamais se réparer; en vain on croit y parvenir en apportant de la précipitation dans le travail; ce qu'on fait sans réflexion est toujours imparfait.

Devoirs envers Dieu.

Le spectacle de l'univers, l'éclat du soleil, la régularité des saisons, la prodigieuse variété des plantes et des animaux, toutes ces merveilles nous apprennent qu'il y a un Dieu. Nous lui devons l'existence. Sans lui l'homme ne serait rien, et si Dieu l'avait voulu, au lieu de commander aux animaux et d'avoir sur eux l'avantage de la raison, l'homme serait le plus misérable des êtres.

Mais nous avons été favorisés d'une multitude de dons que le Créateur aurait pu nous refuser; nous avons reçu de lui la parole pour communiquer nos pensées et nos besoins à nos semblables; il nous a donné la raison qui nous distingue des autres animaux, et qui supplée à la force dont nous sommes privés. Puisque nous tenons tout de lui, nous devons l'aimer comme l'auteur de notre bien-être.

Vous aimerez Dieu et vous chercherez à l'imiter, si vous avez la volonté d'être utile à vos semblables.

Dieu est bon, car il a donné la vie à tout ce qui existe, il accable de bienfaits des êtres qui ne sont rien en comparaison de lui. Efforcez-vous donc d'être bons comme lui, en oubliant les torts qu'on peut avoir envers vous, en obligeant vos frères et en leur rendant tous les services qui sont en votre pouvoir.

Dieu est juste, c'est-à-dire qu'il récompense chacun suivant son mérite; il n'a de préférence pour personne, il tient compte de toutes nos actions, quand bien même nous voudrions les lui cacher, car il voit tout. Nous devons encore l'imiter et tâcher d'être justes envers les autres, comme il l'est envers nous, aimer ceux qui nous aiment, et rendre service pour service.

Dieu est indulgent, nous nous en apercevons à chaque instant, puisque nos faiblesses et nos fautes, qu'il pourrait si facilement punir, ne lassent pas sa patience. Cependant il devrait s'indigner de voir l'homme méchant, ingrat et orgueilleux ; il lui pardonne néanmoins et il oublie les plus grands crimes dès qu'ils sont réparés par un sincère repentir. Nous qui avons tant besoin d'indulgence, nous sommes sévères, quelquefois impitoyables pour les défauts d'autrui ; nous ne savons rien pardonner, rien oublier, et nous avons tort, car nous ne nous rendons pas ainsi semblables à Dieu, dont l'indulgence est infinie.

Le bonheur de l'homme dépend de Dieu qui l'a créé et qui lui envoie, suivant sa volonté, la santé ou la maladie, la pauvreté ou la richesse.

Quoique Dieu connaisse tous nos besoins, puisque rien ne lui est caché, ne craignez pas de les lui exposer avec simplicité et bonne foi. C'est bien le moins que vous vous donniez la peine de demander si vous voulez obtenir.

Devoirs envers le Prochain.

Si nous sommes tous frères, tous faits à l'image de Dieu et également ses enfants, nous devons prendre soin les uns des autres.

N'aimez pas à parler des fautes des autres et à découvrir ce que vous connaissez de vicieux dans leur conduite, car les médisants n'inspirent aucune confiance ; on les craint, on les hait.

Dieu nous a placés ici-bas pour travailler et pour nous aider réciproquement.

Celui qui rougit de ce qu'a fait son père, n'a pas

un bon cœur; il en portera la peine tôt ou tard, et il sera bientôt forcé de rougir de lui-même.

Un homme oisif et fainéant est un être inutile sur la terre, il ne sert ni à lui, ni aux autres.

Soulagez votre père dans sa vieillesse et ne l'attristez point durant sa vie; si son esprit s'affaiblit, supportez-le et ne le tournez pas en ridicule à cause des avantages que vous avez sur lui.

Ecoutez les vieillards avec déférence, car ils ont sur vous un avantage que vous ne pouvez leur contester : c'est l'expérience de la vie.

Ne faites pas aux autres ce que vous ne voudriez pas qu'on vous fît.

Ceux qui sont cruels envers les animaux; qui, oubliant que ces êtres sentent et souffrent comme nous, les maltraitent sans utilité, devraient penser au moins qu'il faut ménager les serviteurs dont on a besoin; j'ai toujours remarqué que les hommes qui traitent les animaux avec cruauté sont de méchantes gens.

Tenez votre parole et agissez de bonne foi avec les autres, les autres ne vous manqueront point lorsque vous aurez besoin d'eux.

N'attristez pas le pauvre et ne différez pas de donner à celui qui souffre.

Le véritable orphelin est celui qui n'a pas reçu d'éducation.

Qui oublie les bienfaits se souvient des injures.

Lorsque quelqu'un aura travaillé pour vous, payez-lui ce qui lui est dû pour son travail, et ne retenez jamais le salaire de l'ouvrier.

Un bienfait mal placé est un bienfait perdu.

Ne dites jamais à votre ami : Allez et revenez, je vous donnerai ce que vous me demandez, lorsque vous pouvez le lui donner sur-le-champ.

Faire du bien quand on le peut, en dire de tout

le monde, ne porter jamais un jugement téméraire, c'est ainsi qu'on acquiert l'estime des honnêtes gens.

Ne dites jamais : Je rendrai le mal.

Donnez à celui qui manque de pain, car on éprouve à faire une bonne action, une satisfaction intérieure qui sera votre première récompense.

On ne doit point se repentir d'avoir obligé un ingrat, car on doit faire le bien avec désintéressement, et non dans la vue d'en tirer aucun avantage.

Devoirs envers nous-mêmes.

La sagesse n'a rien d'affecté, elle n'a point honte de paraître enjouée quand il le faut.

On peut croire l'homme de bien malheureux, mais il ne l'est jamais.

L'homme véritablement libre est celui qui n'est pas l'esclave de ses passions.

Accuser les autres de ses malheurs, c'est le fait d'un ignorant; les rejeter sur soi-même, c'est commencer à s'instruire. L'homme sage n'en accuse ni les autres, ni lui-même, il travaille à les réparer.

Les paresseux ont toujours envie de faire quelque chose, mais ils ne le font jamais.

On n'a jamais vu personne se repentir d'une bonne action.

Le bien mal acquis ne profite jamais.

L'intempérance est un vice honteux et déshonorant; celui qui boit avec excès est rarement en état de faire son ouvrage.

Gouvernez votre langue.

De toutes les prodigalités la plus grande est celle du temps.

Ne dites jamais : Je ne puis vaincre tel penchant, je ne puis résister à telle tentation; car on peut tout ce qu'on veut, mais il faut vouloir.

L'homme sans volonté est le jouet de tout ce qui l'entoure.

Un véritable ami est un bien inestimable; celui qui l'a trouvé a trouvé un trésor.

L'homme vindicatif devrait songer qu'il peut, à son tour, avoir besoin d'indulgence.

C'est une grande richesse que de se contenter de ce qu'on a.

Le temps est comme l'argent : n'en perdez pas, vous en aurez assez.

Instruisez et corrigez votre fils, il sera votre consolation.

Voulez-vous qu'on dise du bien de vous, n'en dites pas.

Étudiez soigneusement ce qui se rapporte à votre profession, et vous deviendrez savant; soyez frugal et tempérant, et vous conserverez votre santé; soyez juste, et vous ne craindrez point l'Éternel.

Oubliez les services que vous rendez, souvenez-vous toujours de ceux que vous avez reçus.

Le menteur s'avilit aux yeux des autres; on n'ajoute plus foi à ses paroles, même quand il dit la vérité.

On peut aisément devenir riche, si l'on veut se passer de ce dont on n'a pas besoin.

Une bonne réputation vaut mieux que la richesse.

Celui qui écoute emploie souvent mieux son temps que celui qui parle; avant de vous mettre à parler vous-même, regardez et écoutez longtemps.

Aimez votre condition; on gagne rarement au change.

On dit avec raison : Douze métiers, treize misères.

Recueil des Bons Mots et Pensées choisies des auteurs anciens et modernes.

Rien n'est plus faible et moins raisonnable que de soumettre son jugement à celui d'autrui, sans nulle application du sien.

Etre trop mécontent de soi, c'est une faiblesse ; être trop content de soi, c'est une sottise.

C'est une force d'esprit d'avouer sincèrement ses défauts et ses imperfections.

Bien écouter et bien répondre est une plus grande perfection que de parler bien et beaucoup, sans écouter et sans répondre aux choses dont on parle.

Il y a autant d'esprit à souffrir les défauts des autres qu'à connaître leurs bonnes qualités.

La petitesse d'esprit, l'ignorance et la présomption font l'opiniâtreté, parce que les opiniâtres ne veulent croire que ce qu'ils conçoivent.

Il est aussi louable de refuser avec raison que de donner à propos.

Il n'y a rien de si difficile à persuader que le mépris des richesses.

Mettez-vous pour un moment à la place de celui à qui vous voulez faire une injure, vous ne l'offenserez pas.

La véritable amitié consiste à parler avec sincérité, et à dire ses sentiments sans flatterie.

N'écrivez rien que bien à propos ; ce qui est écrit peut préjudicier encore plus que les paroles, qui s'évanouissent.

Fuyez les procès ; la conscience s'y intéresse, la santé s'y altère, les biens s'y dissipent.

L'amour-propre est le plus grand de tous les flatteurs.

Le silence est le parti le plus sûr de celui qui se défie de soi-même.

Tout le monde se plaint de sa mémoire, et personne ne se plaint de son jugement.

Chacun dit du bien de son cœur, et personne n'en ose dire de son esprit.

Les défauts de l'esprit augmentent en vieillissant comme ceux du visage.

On ne donne rien si libéralement et avec plus de facilité que les conseils.

Il est plus aisé d'être sage pour les autres que de l'être pour soi-même.

La flatterie est une fausse monnaie, qui n'a de cours que par notre vanité.

Le plus grand de tous les défauts, c'est de croire n'en avoir aucun.

La véritable valeur est de faire sans témoin ce qu'on serait capable de faire devant tout le monde.

L'hypocrisie est une espèce d'hommage que le vice rend à la vertu.

L'orgueil ne veut pas devoir, l'amour-propre ne veut pas payer.

Il faut ménager le vicieux sans composer avec le vice.

Dans toutes les professions, chacun affecte une mine et un extérieur pour se faire paraître ce qu'il veut qu'on le croie.

Nous aimons toujours ceux qui nous admirent, et nous n'aimons pas toujours ceux que nous admirons.

C'est autoriser le vice que de vivre dans des liaisons familières avec les vicieux.

Quelque bien qu'on nous dise de nous, on ne nous apprend rien de nouveau.

On est quelquefois un sot avec de l'esprit, mais on ne l'est jamais avec du jugement.

Trois causes principales de rupture : on est trop facile à écouter, trop prompt à croire et trop rigoureux à exiger.

Ce qui se fait dans la passion se fait toujours contre la raison, et donne dans la suite de grands sujets de repentir; un moment de colère, une parole dite dans la chaleur, coûte quelquefois des regrets qui durent toute la vie.

Les passions et les mauvaises habitude mènent toujours plus loin qu'on ne pense.

Le véritable mérite ne consiste pas dans les grands avantages de l'esprit, ou du corps, ou de la fortune; mais dans le bon usage que nous faisons de ces choses.

Le véritable mérite est toujours accompagné d'honnêteté et de modestie, comme le faux l'est de vanité et de fierté.

Si nous voulons savoir ce qu'on dit de nous en notre absence, il n'y a qu'à faire réflexion sur ce que l'on dit des autres devant nous.

Dans les ruptures, il ne faut pas déchirer l'amitié : il faut la découdre.

Le sage peut être trompé la première fois; la seconde on trompe l'imprudent.

Rien n'est plus capable de confondre nos ennemis, que la patience dans les injures : celui qui s'offense facilement, leur découvre ordinairement son faible, et leur donne occasion d'en profiter.

La patience est le remède le plus sûr contre les calomnies : le temps, tôt ou tard, découvre la vérité.

Il y a plus de gloire à pardonner, qu'il n'y a de plaisir à se venger.

Il est inutile de reprendre les personnes qui ne veulent pas connaître leurs défauts, ou qui ne veulent pas les avouer.

Il est bien difficile de corriger ses défauts, lorsqu'ils sont soutenus par la fortune; on croit toujours avoir raison quand on est riche.

On ressemble ordinairement aux personnes que l'on fréquente; c'est ce qui doit nous obliger de n'avoir commerce qu'avec des gens sages et honnêtes.

L'opinion dispose de tout; elle fait la beauté, la justice et le bonheur qui est dans le monde.

Quand on vit longtemps, on ne reste sur la terre que pour survivre à ses amis, à ses proches, et quelquefois à soi-même, car la vieillesse est souvent languissante et incommode.

Après la santé, qui est le premier de tous les biens, il n'y en a point que l'on puisse comparer à un ami.

Philippe de Macédoine, père d'Alexandre-le-Grand, écrivit à Aristote en ces termes : « Il m'est né un fils, et ce n'est pas tant de cette naissance que je remercie les dieux, que de ce qu'ils me l'ont donné dans un temps où vous aurez soin de l'élever et de le rendre digne de moi par l'éducation qu'il tiendra de vous. »

Débarreaux étant un jour fatigué de revoir un procès qu'il devait rapporter, et fâché de perdre le temps à une occupation aussi désagréable, fit venir les parties, et donna au demandeur toute la somme qui faisait le sujet de la contestation; finissant ainsi la plaidoirie, il jeta tous les papiers dans le feu.

C'est un avantage d'être né en bonne maison, mais il ne faut pas tant s'en faire accroire; on n'a guère de vertus, quand on ne peut se faire estimer que par celles de ses ancêtres.

On se plaignait des ingrats devant un homme qui avait l'âme belle, et qui aimait à faire plaisir : Ne savez-vous pas, dit-il, qu'il faut perdre plusieurs bienfaits, pour en bien placer un. Soyez honnête et généreux par rapport à vous seul, et jamais par rapport aux autres ; la vue de la reconnaissance gâte le bienfait.

Jules-César étant tombé de cheval en Afrique où il était allé pour conquérir cette partie du monde, dit : C'est bon signe que l'Afrique soit sous moi ; ce n'est pas une chute, c'est une prise de possession.

Les vers se mettent aux meubles, la rouille au fer, la vanité aux richesses, et la présomption au mérite.

La physionomie n'est pas une règle qui nous soit donnée pour juger les hommes ; elle ne peut que servir de conjecture.

Dire des gens qu'ils ont de l'esprit, ce n'est pas en dire autant de bien que l'on s'imagine ; il faut pouvoir ajouter qu'ils en font un bon usage, sans cela ce n'est rien dire.

La modestie est au mérite ce que les ombres sont aux figures dans un tableau : elle lui donne de la force et du relief.

La libéralité consiste moins à donner beaucoup, qu'à donner à propos.

Celui-là est riche, qui reçoit plus qu'il ne consomme ; celui-là est pauvre, dont la dépense excède la recette.

Si la pauvreté est la mère des crimes, le défaut d'esprit en est le père.

Il n'y a rien que les hommes aiment mieux à conserver, et qu'ils ménagent moins que leur propre vie.

L'on se repent rarement de parler peu ; très-souvent de parler trop.

La possession de beaucoup de biens ne donne pas le repos que l'on goûte à n'en point désirer.

La plupart des hommes emploient la meilleure partie de leur vie à rendre l'autre misérable.

Il n'ya pas moins de grandeur d'âme à souffrir de grands maux, qu'à faire de grandes choses.

Une tristesse publique est le plus noble appareil d'une pompe funèbre.

Un vrai brave est doux et modeste dans le commerce de la vie ; il garde toute sa fierté pour le combat.

Les grands hommes ont un air de prospérité dans la mauvaise fortune, et beaucoup de modération dans la bonne.

Ceux qui gouvernent sont comme les corps célestes, qui ont beaucoup d'éclat, et qui n'ont point de repos.

La mort est honteuse dans la fuite, glorieuse dans la victoire.

La fortune domine en tout ; elle rend toutes choses célèbres ou obscures, plutôt par caprice que par raison ; elle ne peut ni donner, ni ôter à personne la probité et les autres qualités de l'âme.

Le reconnaissance rend la libéralité plus agréable ; l'ingratitude la rend plus éclatante.

Les choses les plus médiocres, quand elles sont dites à propos, plaisent plus que les meilleures choses du monde dites à contre-temps.

L'esprit s'use ; les sciences en sont les aliments : elles le nourrissent.

Un juge refusant un présent d'une partie : C'est de peur, dit-il, d'être ingrat ou injuste.

La prévention est le poison du jugement.

Voulez-vous être riche? Ne désirez rien.

L'avarice est une pauvreté criminelle.

Jouer, c'est jeter son bien dans la mer pour aller le recueillir sur le rivage.

Les faux amis sont comme l'ombre du cadran qui paraît quand le ciel est serein, et qui se cache quand il est nébuleux.

La science est un trésor plus précieux que les richesses ; par conséquent il vaut mieux être pauvre qu'ignorant.

―――――――――

Proverbes ou Sentences

Tirées des meilleurs Auteurs Latins, Espagnols et Italiens.

Attendez au soir pour dire que le jour a été beau, et à la mort pour bien juger de la vie.

Donner tard, c'est refuser.

La manière de donner vaut mieux que ce que l'on donne.

Quiconque est ami de tous ne l'est de personne.

A père avare, enfant prodigue.

Les fautes sont personnelles de même que les vertus.

Il n'y a point de petit ennemi.

Rendez-vous capable de tout, car vous ne savez à quoi Dieu vous destine.

Il vaut mieux aller seul, que d'être mal accompagné.

Dites-moi qui vous fréquentez et je vous dirai qui vous êtes.

Un bienfait reproché n'est compté pour rien.

On n'a des yeux que pour les défauts d'autrui : personne ne connaît les siens.

Trop de familiarité nous fait mépriser.

Une douce réponse adoucit la colère.

Quiconque n'aime que soi n'est aimé de personne.

Celui-là est riche qui ne désire rien.

Celui qui vous caresse plus qu'à l'ordinaire, veut vous tromper, ou a besoin de vous.

Qui ne sait faire ses affaires, sait encore moins faire celles d'autrui.

Qui ne sait pas obéir, ne sait pas commander.

Contre mauvaise fortune bon cœur.

L'exemple touche plus que la parole.

D'un péril évité le souvenir est doux.

Pour être bien servi, il faut être patient.

Le moyen de plaire et de réussir dans la conversation, c'est de s'appliquer bien plus à faire paraître l'esprit des autres que le sien.

La conversation doit être aisée et pleine de retenue; il faut écouter, répondre à propos et ne point contredire.

Il faut éviter les exagérations; cette manière de parler blesse toujours ou la vérité ou la prudence, et montre la petitesse d'esprit.

La véritable finesse n'est autre chose qu'une prudence bien réglée; elle fait que l'homme est sincère sans être simple, et pénétrant sans être trompeur.

On ne saurait conserver l'amitié, si l'on ne se pardonne réciproquement plusieurs défauts.

Le défaut de respect et d'estime rend l'amitié inconstante, et détruit la plus forte et la plus solide.

Ce qui fait qu'on n'est pas content de sa condition, c'est l'idée chimérique qu'on se forme du bonheur d'autrui.

Les manières simples et naturelles sont les plus agréables. Les manières gênées et affectées sont aussi insupportables aux autres, que pénibles à ceux qui les pratiquent.

Nous ne devons craindre et aimer que Dieu, puisqu'il n'y a que lui seul qui puisse nous rendre heureux.

Il n'y a que la vertu qui fasse estimer et honorer les hommes; les plus débauchés même ne sauraient s'empêcher de la louer, et de respecter ceux qui la pratiquent.

La vertu n'est jamais sans récompense, puisqu'une bonne action est bien récompensée par le plaisir qu'il y a de l'avoir faite.

Ce n'est pas assez, pour être homme de bien, de pratiquer certaines vertus, et d'éviter certains vices.

La bonne et la mauvaise fortune sont nécessaires à l'homme pour le rendre habile.

La mauvaise fortune est plus avantageuse à l'homme que la bonne fortune : l'une sert à le faire rentrer en lui-même, à l'humilier et le convaincre de l'inconstance des choses du monde; l'autre ne sert qu'à l'enorgueillir.

Les généalogies changent presque toujours avec la fortune; c'est ce qui fait que les personnes riches ont une grande multitude de parents, et les pauvres n'en ont presque pas.

FIN.

www.ingramcontent.com/pod-product-compliance
Lightning Source LLC
LaVergne TN
LVHW021735080426
835510LV00010B/1267